JN438104

오래된 인연

김명옥 시집

두손푸름시인선 69

오래된 인연

김명옥 시집

도서출판 두손컴

오래된 인연

·

2014

■ 자서

오랜만에 노을이 아름답다

세상에 세 번째 선보이는 분신들

그동안 까맣게 타버린 속내

살아있다는 것이 고통의 길

그래도 애틋한 인연에 감사하다.

2014년 6월, 여름 초입에

김 명 옥

| 서문 |

흔들리다가 흔들리다가 무르익어서 새로운 시작이다

– 김명옥 시집 『오래된 인연』을 읽으며

정 영 자

문학평론가. 사단법인 부산여성문학인협회 이사장
전 부산문인협회 명예회장

흔들리다가 흔들리다가 무르익어서 새로운 시작이다.

– 김명옥 시집 『오래된 인연』을 읽으며

정 영 자

(문학평론가. 사단법인 부산여성문학인협회 이사장. 전 부산문인협회 명예회장)

시는 상황이다. 마을은 시인을 낳고 산과 바다는 시인을 키웠다. 그리고 평생을 귀안과 심장 깊숙이 파도소리를 담고 살았다. 김명옥 시인은 바다마을이 낳고 산과 바다, 작은 들판과 논이 키운 시인이다. 때문에 그의 시에는 항상 바다의 향긋한 내음과 삶의 찐득한 고단함이 스며있다. 그러나 너울파도의 힘처럼 그의 문학세계와 삶의 지향점은 힘찬 이미지가 샘솟듯 살아나고 있다. 투박하지만 뚝배기의 진솔한 맛깔스러움이 깔린 삶과 시적 지향이 묻어나고 있는 것이다.

거제출신의 김명옥시인은 1991년 『문예사조』로 데뷔하여 시집 『라일락꽃이 지기 전에』(1998), 『먼 바다 저편에는』

(2007)을 상재하고 이번에 세 번째 시집 『오래된 인연』을 펴낸다. 7년만이다. 그 동안 2003년에 받은 부산여성문학우수상을 비롯하여 몇 개의 우수상을 받은 바 있지만 20년 결삭은 시의 발효된 형상화에 제대로 된 평가를 받지 못한 아쉬움을 가지고 있었다.

눈시린 그리움
그대를 만나면 고향바다가 보인다
꿈꾸던 해맑은 유년의 바다에서
물빛같이 깊은 중년의 바다가 된다
그늘진 오솔길섶에 야물게 핀
크고 작은 걱정 잊고 잠시 쉬어가라
어느 여름 날 문득 눈물겹고
어느 여름 날 눈빛은 말없는 믿음이다
초록잎 사이 청아한 바다 물결치고
가끔씩 삶의 굴레에서 그리운 것은
아주 가끔씩 공허한 일상에 힘겨울 때
그때 그 곳에서 싱그럽게 피어있는 까닭이다
눈시린 아름다운 한 생애.

———「달개비꽃」 전문

바다와 삶의 현장이 시 전편을 잔잔하게 적시고 있다. 조금 습한 곳에서 아주 잘 자라는 잡초로 인식된 달개비꽃은 7~8월에 피어난다. 길가나 풀밭에서 흔하게 볼 수 있는 식물로 줄기는 아니지만 비스듬히 자라서 마디마디마다 뿌리를 내리면

서 가지를 많이 친다

꽃의 모양이 닭의 벼슬과 비슷하여 닭의장풀이라고 하기도 하고 우리 생활주변에서 어디에서나 흔하게 자라는 풀이다. 야생화도 아닌 잡초류의 소박하고 푸른 꽃잎의 영롱한 빛깔에서 고향의 해맑은 바다를 연상하고 중년의 깊은 바다를 인식한다. 한 잎의 꽃에서 삶의 여정을 돌아보며 길섶에서 피어 있는 달개비처럼 삶의 한순간을 휴식하는 서늘함을 표현하고 있다. 거창하고 아름다운 꽃의 이미지를 각인하는 것이 아니라 초록잎 사이에서 청아한 바다 물결을 만나고 공허한 일상을 털며 싱그럽고 눈시린 아름다운 한 생애를 조우하는 것이다. 소박하게 지천으로 핀 꽃을 노래하는 시인의 시선은 항상 길섶의 영롱함이며 평범하지만 자신의 특성을 가지고 눈부시게 아름다운 순간을 펼치는 진정성에 닿아 있다. 어쩌면 시인 자신의 자화상과 같은 꽃이기도 하다. 때문에 눈에 자주 뜨이지는 않지만 길섶의 평범한 공간, 마당의 닭장 옆에서 살고 있는 생활 속의 꽃을 형상화하였다.

바다는 가끔씩 소용돌이친다
누군가를 응징하듯
검푸른 바다에 수없이 던진 바람
긴 세월 펴내지 못한 속내
오지랖 넓은 등대는 알 수 있을까
우직한 근육으로 버틴 섬
파도는 그리움 같은 욕설을 게워내고
깔깔대며 사라지는 갈매기떼

바위틈 미역은 아쉬움에 나풀거리고
생각 넓은 섬 외로운 사랑이다.

———「인연. 1 - 소매물도」 전문

그의 인연법은 바다요 그의 화두도 바다다. 바다는 우주이고 실체인 동적 공간이며 사나운 삶의 현장이며 그리움과 사랑이다. 분노하고 응징하는 심판자의 우월적 위치에서 군림하기도 하지만 실상은 외로운 사랑으로 소매물도를 노래한다. 소매물도는 통영시에 속하지만 거제와 더 가까운 아름다운 섬이며 등대섬으로 되어 썰물이 되면 모세의 기적처럼 두 섬이 연결된다.

'바위섬' 을 "우직한 근육으로 버틴 섬"으로 '파도' 를 "그리움같은 욕설을 게워내고' 로 표현한 육체와 인간 저변의 그리움이 겨워 토해내는 욕설의 인간미로 표현하여 자연과 인간의 관계를 더욱 친근하게 근접시켰다. '오지랖 넓은 등대' 는 등대를 바라보며 가고 오는 많은 어부와 선원들의 관심과 소통을 통하여 관계의 성공을 "오지랖 넓은 등대"로 표현하였다. 갈매기 떼와 바위틈의 미역을 설정하여 더욱 한가롭고 풍요로운 세계인식을 통하여 섬이 생각하는 철학성을 부여하였다. 그의 시적 기교는 기교를 넘어선 웅혼한 철학적 사유를 넘나들고 시적 기교의 단조로운 시적 표현에서 탈피하고 있다. 때문에 생각의 섬, 근육질의 섬, 파도의 그리움에 겨운 욕설과 깔깔대는 장난기의 갈매기가 있어 외롭지만 결코 외롭지 않는 인간의 섬 혹은 인간을 노래하고 있는 것이다. 여기에 평범을

극복한 시인의 시적 세계를 만날 수 있는 것이다.

당신을 따르겠습니다
매서운 긴 겨울 묵묵히 이겨내고
두손 합장하며 봄 햇살에 피었나니
산과 들 맑은 바람의 기도에 깨달았나니
허허로운 삶 둥글게 둥글게 가자
모나고 아픈 날들 봄 볕에 말려서 함께 가자
낮은 곳 멀리까지 연홍색 꽃등불 밝혀 주는 듯
서운암 넓은 들녘 부처님 말씀인 듯
고요로 당신을 따르겠습니다
저토록 간절한 심장소리 소원 빌며 피었습니다.

———「금낭화」 전문

우리나라가 원산지인 금낭화는 여러해살이풀로 5월이면 담홍색 꽃을 피우며 전국 산지의 돌무덤이나 계곡에서 자란다. 아침 햇살 아래 영롱한 이슬을 꽃잎에 매달고 초롱초롱 아름다운 자태를 뽐내는 금낭화는 때론 여인의 성을 상징하는 모습으로 보이기도 하는 독특한 매력을 지닌 꽃이다.

"당신을 따르겠습니다"라는 지극히 순종적 꽃말을 담고 있는 '금낭화'는 비단으로 만든 주머니를 닮은 꽃이라 하여 금낭화錦囊花라는 화려한 이름을 가지고 있다. 그러나 그 화려함 속에 남아 있는 순종의 미는 유교적인 논리이지만 그 속에는 인내의 철학을 통한 완성의 인격을 형상화한 절제된 이야기가 숨어 있다.

우리 꽃말로는 '며느리주머니' 라고 하는데 하트형 꽃 모양이 마치 여인들이 치마 속 허리춤에 매 달고 다니던 두루주머니(염낭)와 비슷하여 '며느리주머니' 라고 부르게 된 것이다.

외국에서는 "피가 흐르는 심장"이라 하여 정열적인 의미로 표현하지만 꽃의 모양을 잘 보면 땅을 향해 고개를 숙이고 있어 겸손과 순종을 나타낸다.

하트모양의 연분홍꽃이 연약한 꽃대를 타고 주렁주렁 매달리면 줄기는 활처럼 휘어지는 우리 토종 들꽃 금낭화는 5~6월에 연약하고 가녀린 줄기가 길게 나와 주머니 모양의 납작한 분홍색 꽃을 올망졸망 매달고 있다. 다산과 곡선의 이미지를 통하여 사람들에게 최근에 폭발적인 인기를 가진 이 꽃은 서운암의 성파 큰스님께서 야생화 꽃밭을 조성하며 가장 관심속에 키워낸 곳이다. 시인은 이 곳의 금낭화를 보며 시적 형상화를 한 것이다.

시어머니와 며느리의 슬픈 전설을 가진 금낭화는 어쩌면 화려하지만 인내의 세월 속에 순종을 익혀 겸손으로 꽃피운 전통적인 한국여인의 스토리텔링을 가진 꽃이다.

매서운 겨울을 이겨내고 햇살에 합장하고 맑은 바람 속에 기도하며 피운 꽃으로 모나고 아픈 것을 봄볕에 말리고 둥글게 살아 원만형을 추구하는 삶의 철학을 시 한편에서 이야기하고 있다. 더불어 올망졸망한 꽃 무더기의 등불로 세상을 밝히는 간절한 기도는 "당신을 따르겠습니다".

꽃말 "당신을 따르겠습니다"를 앞 뒤에서 반복하는 순종은 종교적인 기도의 절절함이 바탕되어 있다. 순종하는 믿음의 의미를 극대화 시킨 〈금낭화〉는 서양의 꽃말인 "피가 흐르는 심장"의 정열도 아울러 묘사하는 세밀함도 가지고 있다.

김명옥 시인은 묵묵하게 일하고 창작하는 듬직한 일꾼이며 열심히 문단의 일에 열심히 협조하여 살아왔다. 그리고 요령부리지 않고 주어진 현실에 최선을 다하며 사는 모습이 감동적인 때가 많았다. 고달프지만 고달프다고 원망하지 않고 빛나고 좋은 일들을 자신의 문단 후배들이 가져 갈 때도 심통부리지 않고 자신을 지키며 묵묵하게 시간을 보냈다. 문화재단에서 주는 창작기금으로 시집을 내는 기쁨을 보며 개인적으로 축하하면서 그의 문학적 성과를 격려하고자 한다. 20년 세월의 시적 발효는 싱그러운 시의 세계를 열어간다는 진정성을 보여주게 될 것이다.

자서 / 7
서문 | 흔들리다가 흔들리다가
무르익어서 새로운 시작이다 _ 정영자 / 11

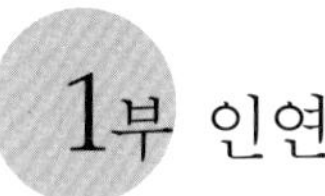

1부 인연

인연 · 1 — 소매물도 / 27
인연 · 2 — 비진도 / 28
인연 · 3 — 저녁노을 / 29
인연 · 4 — 서면시장 / 30
인연 · 5 — 크리스마스 / 31
인연 · 6 — 지난 여름 / 32
인연 · 7 — 청련암 / 33
인연 · 8 — 한산사 / 34
인연 · 9 — 자운영 꽃 / 35
인연 · 10 — 시아버지 / 36
인연 · 11 — 문학, 그녀 / 37
인연 · 12 — S시인 / 38
인연 · 13 — 석동호 박사의 진료실 / 39
인연 · 14 — 결혼기념일 / 40
인연 · 15 — J시인 / 41
인연 · 16 — 아들에게 / 42
인연 · 17 — 딸에게 / 43
인연 · 18 — K시인 / 44

2부 오래된 인연 - 바다

오래된 인연 — 시詩의 길 / 49
우포늪에서 · 1 / 50
우포늪에서 · 2 / 51
골목 / 52
외갓집 / 53
작은 습관 / 54
물만골 소묘素描 / 55
가을에는 / 56
대보름 달 — 2014년 1월 15일 / 57
아직도 팽목항에는 / 58
봄빛 바다 / 59
다시, 먼 바다 저편에는 / 60
해금강 파도소리 / 61
오륙도 / 62
광안대교를 보며 / 63
태안의 바다 / 64

3부 꽃

진달래 / 69
수선화 / 70
금낭화 / 71
온천천 벚꽃 / 72
달개비꽃 / 73
나팔꽃 / 74
민들레 / 75
후리지아 / 76
장미꽃 / 77
동백꽃 / 78

4부 산

마하사에 가다 / 83
배산 체육공원 / 84
선암사 / 85
감로사 / 86
수종사에서 · 1 / 87
수종사에서 · 2 / 88
내소사 / 89
태종사의 수국 / 90
여여정사 가는 길 / 91
배산에는 / 92

1부

인연

인연 · 1

– 소매물도

바다는 가끔씩 소용돌이친다
누군가를 응징하듯
검푸른 바다에 수없이 던진 바람
긴 세월 펴내지 못한 속내
오지랖 넓은 등대는 알 수 있을까
우직한 근육으로 버틴 섬
파도는 그리움 같은 욕설을 게워내고
깔깔대며 사라지는 갈매기떼
바위틈 미역은 아쉬움에 나풀거리고
생각 넓은 섬 외로운 사랑이다.

인연 · 2

– 비진도

낯설지 않다
통영 항 뱃길 따라 한산면 외항마을
한여름을 식히려는 배낭행렬 속에
나도 뭍에서 떠나고 있다
떠나보내는 일에 더 익숙한 항구
또다른 만남 기다리며 위안하듯 평화롭고
바다를 가로질러 환희하며 바다가 된다
산호빛 모래사장에 객 같은 사랑 넘치고
넘치는 듯 외롭게 서성이는 별똥별
갇힌 듯 자유롭게 떠 있는 초상肖像이다.

인연 · 3

– 저녁노을

하루가 산중턱 노을로 붉다
서쪽으로 수없이 보낸 아쉬움 붉다
활자화되지 못한 아픈 편지를 접고
힘들다 투정부리는 몸속 세포들을 무시한
빈약한 초승달을 무시한 죄 깊다
진달래꽃 편안하게 만나지 못하고
수양버들 늘어진 강바람 한번 만나지 못하고
노란 은행잎 만발한 도심 가로수나 볼까
네온사인 숲 피곤이 집으로 간다
겨울 초입 맥없이 떨어진 체온 추스르는
해거름 만나보는 희망같은
지갑 속 노을이 붉다.

인연 · 4

– 서면시장

지는 해가 아름답다
불덩이 떠오르는 동쪽보다
하루살이 일생처럼 지는 해가 아름답다고
서면 중심가 전통 칼국수 골목 첫 집
오랜만의 해후를 풀고 있다
쫄깃한 밀가루 면발의 손칼국수
후루룩 후루룩 목젖에서 겨울이 데워지면
그 옛날 어머니 손맛의 구수함
열심히 발품 파는 여인의 손놀림
서민의 주식이 오늘 별미로 빼곡하다
명품과 유럽풍 피자에 길들여진 식습관
아무도 탓하는 이 없는 디지털 시대
애환이 물든 시장 골목에 비친
삶의 종착지 서쪽으로 가자
떠오름의 환희보다 아쉬운 노을이 되자.

인연 · 5

– 크리스마스

송년 거리에 삼삼오오 젊음이 넘친다
앙증맞은 핸드백에 가죽장갑을 끼고
원색의 미니스커트 겨울을 무색케 한다
어릴 적 이맘 때 사탕 선물 받으러 갔던
반짝반짝 십자가 눈부신 탄일종의 밤 교회당
도심 가로수에서 쉽게 보는 크리스마스트리
그 날과는 상관없이 덤으로 즐겁다
늦은 오후 루돌프 사슴코 대신 클래식을 들으며
고온에 튀긴 닭날개 안주를 먹으며
덤으로 즐거운 크리스마스 날
세상이 게워내는 비판을 무시하기엔 늦은
또 다른 질펀한 인생의 단면들 본다
침묵에 든다.

인연 · 6

– 지난 여름

여름은 독했다
시간이 나에게 독했다
더위를 많이 타는 탓에
지독한 여름을 독하게 싫어한다
언제부터 독을 품지 않으면 안 된다는 것을
알았다 알았다
삶의 무게만큼 빛날 그날을 독하게 기억하며
힘든 순간 사리 될 시간을 독하게 썼다
지독한 가난에 시달리는 사람이 그랬을까
힘겨운 병상에서 고통받는 사람이 그랬을까
지독한 여름 탓에 가벼워진 근심
세상 몸무게가 줄었다.

인연 · 7

– 청련암

늦가을 소소 바람 부는 날
숨가쁜 근심 미뤄두고 훌쩍 왔네
청동 불상 앞에 다소곳 머리 조아려 보네
여럿 모습의 불상에서 보이는 세상
우리는 누구를 위해 무엇을 하는가
햇살 눈부신 한낮 오랜 도반과의 즐거움
사계절 푸른 나무 그늘 아래 앉아서
속세에서 미리 준비한 크래크와 블랙커피
하루의 행복을 누렸네
오래된 마음 잊을 수 없는 시간을 가졌네
부처님의 그늘 아래서 행복했네.

인연 · 8

– 한산사

시작이다
깨달음에 도달한 시작이다
새로운 산자락 불국토 세워지고 있다
사는 것 별것 아니다 마음 쓸어주는 동행
비움의 시작이다
덩달아 업장소멸 비우고 있다
산사의 밤 별 하나 새롭다
새로움에 떨리는 편안함
바람 따라 풍경이 흔들린다
바람 따라 세상이 흔들린다
흔들리다가 흔들리다가
덧없는 깨달음이다
무르익어서 새로운 시작이다.

인연 · 9

– 자운영 꽃

청정한 무공해 흙밭에 사랑 핀다
오래된 한적한 시골 봄날
홀연히 무수한 별 총총 들어와 앉은 듯
태산 같은 어둠 뚫고
그대의 관대한 사랑이 핀다
지구 먼 길 돌아서 한 계절
비록 짧은 시간을 살아가는 운명
광활한 대지 연보랏빛 꽃물결 출렁일 때
어여쁜 아이의 미소 같아라
소소한 인간의 마음 담금질 상처받을 때
끝없이 펼쳐진 관대한 가슴에 안기어보라
용서하라 빈손으로 용서하라
사랑하라 자운영처럼 사랑하라
이해하라 대가없이 호흡하고 있음을 이해하라
눈 시리도록 싫지 않는 꽃물결
해묵은 번뇌 접고 봄날 새롭게 핀다.

인연 · 10

– 시아버지

벌써 이승을 하직하신지 일곱 해
처음 외쳐본 '아버지 집에 불났어요'
슬픔 잊고 산사람은 바쁜 일상 연속이다
김해 녹산 벌판 농사지으셨던
조석으로 식사 시간 정확하게 고집하셨던
집터 낮아 태풍 오면 가끔 바닷물에 잠기면
시골 햇살 쨍쨍한 날 온통 일광욕 한창이다
텃밭 식물도 활기찬 성장
시아버지는 뒷짐 지고 마당만 배회하시고
시어머니는 작은 체구로 허드렛일 분주하고
십여 년 전 지반 높여 대리석 벽 2층 별채까지
편안함도 잠시 녹산공단 변경 보상에
정든 땅 얼마나 씁쓸했을까
자식들 물려주고 빈손으로 이승 이별하셨네
'나는 모른다 알아서 잘 해라' 시던
소박한 한 생애 허무함이여!

인연 · 11

– 문학, 그녀

오래도록 한결같다
어느 곳 어떤 시간도 명쾌한 선지식이다
어느 곳 어떤 사람에도 넉넉한 맏이이다
오래도록 탄탄하게 걸어온 이 길을
오랫동안 넘치지도 모자람도 없는 그 사랑을
알고 있다 기억하고 있다
스치는 듯 꿰뚫어 현명하게 화답하는
무심한 듯 눈빛 하나 기억하는 카리스마적인
강가 봄 버들개지처럼 섬세하며 새롭다
유백색 목련보다 분명하고 부드럽다
통영 바닷바람 먹은 동백꽃보다 정열적인
어떤 아주 흔한 커피 한잔 나누지 않아도
오랫동안 할 시詩의 길 행복을
알고 있다 추억하고 싶다.

인연 · 12

– S시인

언제든지 푸근하다
삶도 모습도 함께 하면 즐겁다
처음처럼 그 모습 조금은 날카로운 듯
산호빛 베이지톤 이지적인 첫 얼굴
이십여 년 동행하는 오늘이 재미있다
낙동강가 수양버들 여유로운 시심詩心을 키우고
유년을 김해 벌판 풍성한 사계四季를 누렸다지
누구보다 깊은 불심佛心
누구보다 검소한 일상
스마트폰만큼 순발력에 즐거운 만남이다
끝없는 현실적 감각 재치가 넘치는
눈빛으로 마음 읽어주는 네잎클로버
생깃 새로움에 푸근하다.

인연 · 13

– 석동호 박사의 진료실

하루 절반을 대화한다
사람과 대화하고
환자와 대화하고
병과 대화한다
찾는 이 모두 한 가지씩 만남을 소원한다
찾는 이 모두 그에게는 부모 형제이다
병상기록 카드에 알 수 없는 편지를 쓰고
손 저리도록 쓰는 가슴 아픈 편지는
누구도 대신 할 수 없다
혼자만의 아름다운 특권이다
혼자만의 아름다운 비움이다
테너로 노래하며 세상과 소통하는 즐거움
자신과의 시詩의 대화는 잠시 접어둔 채
오늘도 환자와 편안한 시를 쓴다.

인연 · 14

– 결혼기념일

꿈과 이상이 필요 이상 원대했던 반쪽
조촐한 시작으로 인연 맺은 오늘이다
가장은 늘 숨찬다
두어 번 방심한 불행 힘든 고비 겪고
오뚝이 같은 충전의 힘 성실한 책임감
젊은 날 부질없는 허공에 이상만 쫓았다지
언젠가 건강 챙겨보는 변한 모습
주말이면 족구와 조기축구로 단련하는
남들은 호인이다 칭찬 만발한데
정식으로 챙겨보지 못한 날
욕심이 없는지 안내는 건지 제자리 걸음
사람도 경제도 허우적인다
어느 날 화창한 봄날이다가
어느 날 먹구름 같은 가장의 근심
저무는 노을 따라 측은하다가 얄밉다가
이십육 년째 시월 장미꽃 한 아름 기대해볼까
함께 한 세월에 고맙기도 하다.

인연 · 15

– J시인

참 오랜 추억을 기억하는
강산이 두 번 지나고 또 다른 꽃을 피울까요
이십여년 전 첫 만남 훤칠한 키 다정한 모습
또래같은 젊은 생각 정다운 목소리
소중한 사람을 소중히 기억해주는 문우文友
늘 안녕을 빌어주는 성품 긍정의 얼굴이다
내공 쌓인 영원한 시인이시여
책갈피 마지막 장에 꼭 지문을 남겨야 한다지
오랜 쓸쓸함에 선택한 길 문학이었다지
화사한 꽃을 만나면 까르르 깔깔대고
외진 돌틈에 핀 풀꽃 하나 만나면 눈물짓는
삶의 멋과 토종을 즐기는
현실적 센스를 발휘하는 자존주의자
벚꽃 톡톡 터지는 봄처녀 같은 시인이시여.

인연 · 16

– 아들에게

좋은 날 첫 만남이었지
오곡백과 풍성한 구월 복덩이였지
총명한 어린 시절 건강히 성장한
벌써 든든한 성인 다 되었구나
흔한 학원 한번 못 보내도 잘하더니
기쁨 주는 국립대학 지성인 되었구나
부족한 뒷바라지도 한마디 탓하지 않고
차곡차곡 쌓아가는 미래 비전을 향해
무엇이든 도전하고픈 포부에 엄마는 미안하다
착하게 건강하게 곁에 있어 고맙다
네가 있어 엄마는 할 일이 있고
너와의 고귀한 인연에 늘 감사하다
사계절 어김없이 꽃 피고 지듯
착해서 걱정스런 너를 믿는다
걱정에 도리어 화난 듯 안심시키는 너를 안다
채워주지 못한 환경 묵묵한 너를 안다
보란 듯 꿈 펼쳐라
무한정 빌어보는 내 아들아 사랑한다.

인연 · 17

– 딸에게

어여쁘게 천사처럼 왔구나
무더운 칠월 너와의 인연 소중하구나
예쁜 옷 좋은 것만 공주님 대접하고 팠다
아장아장 발뒤꿈치 깨물어주었던
어느덧 숙녀로 곱게 성장한 신발이 크구나
엄마의 존재를 인식시켜 준 네가
어엿한 대학 지성인 되어 곁에 서있네
하고 싶고 이루고 싶은 꿈 많을 테지
오늘이 시작이다
한 단계씩 지혜롭게 꿈 펼치리라 믿는다
디지털시대 최첨단시대를 달려가도
이 세상 험악하여 수시로 경계하고
복잡한 세상 속에서
힘없는 엄마는 걱정이 많구나
개인주의 시대 무작정 돌은 밟지 말아라
사랑한다 수천 번 더 너를 사랑한다
때론 친구가 되어주는 네가 자랑스럽다.

인연 · 18

– K시인

문득 빛바랜 기억의 사진을 본다
내 아이들 탄생을 기억해 주는 시인
이십 몇 년 지난 오늘도 동행하네
머리말 거머리처럼 쌓아놓은 명상서적
헤르만헷세 월든 소로우를 습독학하고
틱낫한 스님 친견에 밤을 지샜다던
걷기 명상에 매료되어 황령산 숲에 빠져들던
문학을 연인처럼 끼고 해박한
밥보다 소중하고 화폐보다 가치 있었다지
작은 질병도 자가 치료에 명의다
젊은 날 심신단련 명상시간은
흉내 낼 수 없는 뚜렷한 내면세계
나서지 않는 고요를 찾는 시인의 길
꽃과 나무의 숨결을 채취하기도 하고
풀꽃과 대화하는 박식한 그녀다.

2부

오래된 인연 - 바다

오래된 인연

– 시詩의 길

오랫동안 더불어 호흡하며 왔었지
오랜 벗의 인연 몇 십 년
삶이 공허해 질 때마다
나를 곧추세워 일깨우는 동반자
때론 연인처럼 짝사랑한 고행의 길
우주의 숱한 생명과 아름다운 소통의 길
깊은 고뇌의 날 있어도 꿋꿋했다
몸속 혈관을 자극하기도 하고
뇌파를 자극하는 수많은 수식어나 형용사처럼
사소한 슬럼프에 꿈쩍 않던 내 안의 소리
홀연히 반듯한 모양새로 거듭나는 시어詩語들
스스로 위안하며 오르는 험준한 산이다
새롭게 돌아와 평온 찾는
빠른 보폭으로 또는 미사여구로 꾸며보는
완주하는 마라토너처럼
오늘 좋은 시詩 한편 만나기 위한 고통의 길
아름다워서 외로운 길 행복하게 가련다.

우포늪에서 · 1

우포늪 초행 길목에 들꽃 먼저 만난다
소담스런 자운영 꽃에 발길 멈추고
길 따라 거대하게 펼쳐진 가장 오래된 습지
초자연이 대자연의 늪을 만들었네
오랜 초발심 고집으로 지켜왔는가
늪 수면에 물풀이 머리 내밀고
물풀은 세상에게 할 말이 많을 테다
새와 물고기 가시연꽃 나비가 공생하는 보고다
사람들은 삶이 무미건조할 때마다
편리하게 힐링 되어 원점으로 돌아가곤 하지
장엄하게 늪을 장악하는 물안개
가장 기본이 된다는 것
근본을 지키며 살아왔다는 것
늪에 물풀이 흔들린다
흔들리다가 고집스레 가부좌로 앉은 왕수버들.

우포늪에서 · 2

경남 창녕 우포늪 봄이 한창이다
탁 트인 끝없이 펼쳐진 생태계 발원지
저 멀리 물안개 엄숙하고 신비롭다
긴 세월 맑은 진흙같은 퇴적물 쌓여
물 속 물고기와 곤충의 서식지로
늪의 새들은 이들과 공생관계를 유지한다
서로를 지켜주는 투철한 대자연의 법칙
오랜 자연이 만들어 낸
소름 돋도록 원시의 숨결이다
오랫동안 늪을 지켜왔을 몇 그루 왕버들
아랫도리를 푹 담그고 명상에 잠겼다
잠깐 순수한 자연 앞에 숙연해지는 사람들
때묻지 않은 철학적인 습지 동식물의 천국
우포늪은 수많은 생존 터전 공동체이다.

골목

집으로 오가는 동네 골목 가을이면
잎에 가시 돋은 하얀 천리향이 핀다
골목 초입부터 눈과 코를 자극하는 주범
오래된 집 담벽에 꽃가지 몇 걸쳐 놓고
골목을 송두리째 색과 향기로 유혹한다
가을에 들면 은근히 그리워지는 골목
제법 몸통 굵은 가지마다 천리향 만발하고
지날 때마다 의도적인 발걸음 느려지고
어느새 세월을 직시하다
배반하지 않고 꽃 피우는 그대가 반갑다
그대로 인하여 행복을 기억하는 정성 고맙다
도시의 골목 아이들도 보이지 않고
사람들은 종종걸음 제 갈 길 바쁜
해바라기하며 서 있는 그리운 골목에
가을이면 천리향 하얀 꽃부터 볼 일이다.

외갓집

거제도 구영리 작은 갯마을에는
내 어머니의 안태곳 외갓집 있다
어부이신 외할아버지 기와집 높은 돌담에
생업의 도구 그물망 여기저기 늘려있고
삽작 돌담에 빨간 넝쿨 장미 흐드러진
넓은 앞마당 한 켠 찰떡을 찧던 절구
어머니 그림자 따라 졸졸 들어서면
외삼촌은 파자마 모습으로 우릴 반겼지
달빛에 갓 잡아 올린 도다리 납세미 잡어들
외숙모의 익숙한 손끝 진수성찬으로 반기셨던
청정해역 외가 바다가 한 상 가득 펴득였다
자손대대 농사보다 어업을 승계하신
몇십 년 잊어버린 얼굴 문득 그려본다
어머니의 어머니가 애틋했을 내 어머니 사랑
어머니의 아버지가 대쪽 같았을 내 어머니 유년
오늘, 그리운 것은 내 나이 먹은 탓일 게다
문득, 머물고 싶은 것은 조건 없는 천륜일 게다
짭조름한 납세미 구이 맛보고 싶다.

작은 습관

나른한 오후가 시작된다
봄과 여름 길목에서 서성인다
배꼽시계에 맞춰 제공되는 먹거리
한껏 늘어진 위장 관리에는 어렵지 않다
부족한 영양 만족스럽게 공급하면
금강산도 식후경이라 했다지
맛난 식사 끝은 행복하다
수시로 편히 잠들면 호사다
편해버린 습관 수없이 책망하지만
사계절 똑같은 식습관 몸만 무겁다
무거운 근심 받쳐 든 두 다리 몸살 앓고
끝내 고통을 호소하는 다리
나른한 작은 습관에 미안했다
그래도 지난 슬픔 잠재우는
잠이 보약이다.

물만골 소묘素描

물만골에 가보면 안다
콘크리트 빌딩숲 몇 발짝 지나면
완만한 비탈 길 따라 지어진
낮은 슬레이트지붕
우리네 근심처럼 다닥다닥 붙어있다
오랜 세월 맑은 골목 목소리도 낮다
세상 눈높이에 당당한 사람들
높은 철 대문 없어도 편안한 사람들
우리들의 어릴 적 기억 아릿한 풍경
가끔씩 지날 때마다
나도 모르게 부끄럽다
몇 평으로도 행복을 꽃피우겠지
텃밭 계절 따라 살아있는 풋풋한 야생초
낮은 것에 익숙한 듯 개짓는 소리
그곳에 한번 가보면 안다
고요한 듯 꿈틀대는 비장한 철학이 있음을.

가을에는

눈 감아도 아름다운 가을 날에
끝내 말 못하였다
사무친 가을빛 열정 진실로 반추되는
반증하기 역겨워 맨몸으로 부대끼는
그대는 무엇을 보았을까
참된 귀를 기울이자
속 깊은 정적을 헛되이 깨는 거짓거리
어떤 숨결로 자연의 오묘함을 표현할까
조심스레 상상의 색깔 칠해야지
찬란한 모두의 삶을 환호하듯 도열하고
오래도록 순리를 다져 온 나무들의 규율
소리없이 떨어지는 나뭇잎만 보았는가
짧은 시신경이 빚난 사물을 관찰하지 않기를
오랜 체념이 붉게 휘날린다.

대보름 달

– 2014년 1월 15일

올해 윤달이 있어 음 · 양이 같이 간다
갑오년 청말띠 해라고
열심히 부지런히 달리다보면 좋은 일 알게 된다고
푸른 꿈 심장에 품고 휘영청 둥글게 떴다
못 볼지 모른다는 쓸데없는 염려를 깨고 떴다
신새벽 설레임이다
무조건 간절하다
무거운 어깨에 꼭 비춰 주기를
힘겨운 여럿 가슴에 밝게 웃음주기를
여태 못 본 수채화 같은 맑은 호수이다
새로운 시작의 상징이다
눈과 몸이 고요히 젖어 씻겨지는 듯
삐걱이던 슬픔에 둥근 웃음이 떴다.

아직도 팽목항에는

사월은 잔인한 달이라더니 어찌하여
2014년 4월 16일을 영원히 어찌 잊을까
진도 맹골 바다에 수백 명 목숨 앗아간
부패된 사회구조를 뿌리 뽑지 못한
어른들의 비열한 세월호 무책임을 어찌 잊을까
침몰한 어둔 바닷속에서 발만 동동 끔찍했을
어느 집 고귀한 아들 딸들아 돌아와 다오
소중한 꿈 펼쳐봐야지
아무 일 없는 듯 환한 웃음으로 제발 돌아와
그토록 계획한 희망 한번 꽃피워야지
엄마 아빠의 찢어지고 문드러진 애타는 심정 들린다면
내 아들 딸들아 돌아와 절대 용서하지마라
진도 팽목항 난간 빼곡히 애도의 노란 리본 간절하다
물 밑 그곳은 무서워서 안 된단다
바닷속 그곳은 불편해서 못 산단다
꼭 돌아와 맛난 것 실컷 먹어보렴
70일 지난 눈물도 메마른 팽목항 분노하고
아직도 무사귀환의 목탁소리 메아리친다.

봄빛 바다

불덩이가 웅크리고 있다
거센 풍랑에도 꿈쩍 않은 외로움
검푸른 바다는 깊은 잠에 들고
파릇한 연두빛 새싹이 돋는다
동쪽에 꽃이 핀다
우주의 고뇌 한몸에 감싸안고
대지에 아지랑이 스멀스멀 물오르는 동안
바다에 잠수했던 그리운 것들
반짝반짝 꽃이 핀다
우리들의 하늘 은하수 내려앉은 듯
바다 깊숙이 내재된 웅장한 나무 한그루
달콤한 열매를 위한 꽃이 핀다.

다시, 먼 바다 저편에는

행복하고 있을게다
대처로 떠나보낸 자식들 소식 손꼽으며
변방에서 당당하게 성공한 모범으로
흰 와이셔츠 연분홍 넥타이 심플하게 착용한
그대도 신명나게 살아 왔을 게다
최고급 리무진 굴리며 현모양처로 살고 있을게다
어찌하여 건조한 일상 체바퀴 돌듯
다시, 바다 저편에도 이변이 생겼을까
한때 힘든 의식적인 어둔 터널 뚫고
예까지 선명한 색깔 화장법쯤은
홀로 빈손으로 터득 했을 게다
다시 행복하고 있을게다
하늘은 스스로 깨달아 행하는 자를 돕는다지
꼭 한번 화려한 그 시절 있을게다.

해금강 파도소리

청잣빛 파도가 출렁이며 유년을 부른다
경남 거제군 동부면 갈곶리 해금강국민학교
담벼락 아래 까맣게 타버린 몽돌 해변
맨몸으로 부끄럽지 않은 너는 아름답구나
차르르 차르르 파도에
까만 몽돌 쓸리우는 소리 환상적 클래식이다
과거와 현재가 미래의 합수식을 한다
청렴하신 아버지의 마지막 교육 열정 베인 곳
파도는 환청처럼 아버지 목소리다
유년이 철썩이며 밀려갔다 밀려오고
여고 여름 방학 며칠 낭만을 만끽한 곳
둥글게 혹은 삐뚤게 개성적 성장 빛나겠지
낮은 돌틈 꿈처럼 박힌 갯고동
어머니가 차려주신 톳나물 파래 한 아름의 만찬
수십 년 겉모습 변했지만
여전히 18세인 나와 그 파도는 어머니 목소리다
청잣빛 갯내음이 후각을 깨운다.

오륙도

바다에 꽃이 핀다
마음 하늘 울쩍하면 다섯 송이
마음 하늘 쾌청하면 여섯 송이
은빛 물결 속삭이는 섬 가까이
갈매기 떼 끝없는 비상을 꿈꾼다
빌딩 숲 현실에서
간혹 희망이 부족할 때 바라보던
수평선에 피끓는 태양이 떠오른다
잠재한 젊은 날의 그 무엇
거센 파도에도 흔들리지 않았을까
부산 바다에 꽃 핀다
삶의 항해 머문 자리 꽃이 핀다.

광안대교를 보며

수많은 불빛 빛나고 있다
수없이 희망을 가득 싣고 달린다
남천동과 해운대를 잇는 환한 불빛
시간대별 요일별 계절별
10만 가지의 경관 조명 시설을 뽐낸다
생일처럼 거행되는 형형색색 불꽃 축제
부산의 명품 명소로 손색없는
밤바다를 황홀히 수놓아 아름답다
밤바다에 가로세로 잘 짜여진 한폭 수채화
이쪽 행복 저쪽 설움 공평히 누리는
이런 생각 저런 결론 원만히 교류하는
밤이면 활기찬 젊음의 연륙교가 되고
낮이면 생존 경쟁 원활한 소통의 길 된다
초행에 설레이던 날 있었지
공유하는 행복 빛의 질서를 본다.

태안의 바다

혼절한 바다를 보았다
변방의 맑은 인심을 좌절시킨
검은 속내 교활한 현실적 속성을 보았다
돌 틈에서 파닥이며 허우적이는 바닷게
생존의 의무는 돌연히 빼앗기고
기름 속에서 발버둥치는 작은 목숨
동동 걸음 치는 선조들의 삶의 터전
파도 따라 그어진 시커먼 과오를
기약없이 닦고 또 닦는다
어릴 적 종종 발 담그고 캐먹던 해산물
깊은 병상에서 쾌유를 빌 뿐
스쳐버린 그 눈빛이 밟힌다
상처 난 천리포 바다 안녕을 비는
변방의 하루는 즐겁다
기절한 바다 푸른 혈맥을 꿈꾼다.

3부

꽃

진달래

삼월이면 산은 연분홍 옷 갈아입고
첫사랑에 설레인다
연두 숲 해와 바람이 꽃 피워 놓고
그 어떤 말 한마디 못한 채
흩어진 듯 모여 있는 사랑의 기쁨
절제된 몸짓에 다소곳하다
자연 속에서 인간은 가장 인간적이 되는
햇살 밝은 봄날 전통적인 화전놀이
손꼽아 엄선되어 영광 누리는
은은한 향기에 끌려 눈 마중간다
문득 열다섯 소녀 같이 부푼 꽃망울
가시내 수줍은 첫사랑이다.

수선화

현관 밖 겨우내 방치했는데
자존심을 곧추세워 꽃을 피웠다
안쓰러워 준 물 몇 번 먹고
어느 날 쫑긋 연두 잎 싹 틔우더니
보란듯이 목 세워 노오란 꽃 피었다
미안했다 사실 미안했다
그 흔한 원망없이
고마웠다 정말 고마웠다
늘 바쁘다 귀찮다는 이유로 무시한 시간
아픔 굳게 딛고 선명한 꽃 피웠다
한 생을 고결하게 살아간다는 것
한 생애를 아름답게 매듭짓는다는 것
행여 상대적 근심을 만들고 살았나
행여 절대적 관심을 베풀지 못했나
아무런 원망없이 환하게 피었다
부족했던 사랑 기억해 본다.

금낭화

당신*을 따르겠습니다
매서운 긴 겨울 묵묵히 이겨내고
두손 합장하며 봄 햇살에 피었나니
산과 들 맑은 바람의 기도에 깨달았나니
허허로운 삶 둥글게 둥글게 가자
모나고 아픈 날들 봄 볕에 말려서 함께 가자
낮은 곳 멀리까지 연홍색 꽃등불 밝혀 주는 듯
서운암 넓은 들녘 부처님 말씀인 듯
고요로 당신을 따르겠습니다
저토록 간절한 심장소리 소원 빌며 피었습니다.

금낭화의 꽃말을 인용함.

온천천 벚꽃

추웠던 겨울 인심 탓일까
꽃샘추위 지난 4월 초입
수다스런 사람들 꽃마중 한창인데
몇 꽃망울 입을 꾹 다물고 있네
분명 하고 싶은 이야기 있을게다
유명세 떨친 기세등등한 모습
봄 햇살 비와 바람 머금고 핀 꽃이여
무거운 어깨 다독이며 흩날리다가
우리네 고단한 발자국 지워다오
추억의 노래 한 소절 불러다오
눈부신 그날처럼 화들짝 피어
아름다운 날 연분홍 꽃신 만들고 있을.

달개비꽃

눈시린 그리움
그대를 만나면 고향바다가 보인다
꿈꾸던 해맑은 유년의 바다에서
물빛같이 깊은 중년의 바다가 된다
그늘진 오솔길섶에 야물게 핀
크고 작은 걱정 잊고 잠시 쉬어가라
어느 여름 날 문득 눈물겹고
어느 여름 날 눈빛은 말없는 믿음이다
초록잎 사이 청아한 바다 물결치고
가끔씩 삶의 굴레에서 그리운 것은
아주 가끔씩 공허한 일상에 힘겨울 때
그때 그 곳에서 싱그럽게 피어있는 까닭이다
눈시린 아름다운 한 생애.

나팔꽃

옛집 울타리 자유롭게 뻗어 올라간
그대를 만나면 어디서든 정겹다
신사임당 그림 한국화에 흔히 볼 수 있지만
생생 살아 숨 쉬는 꿈 피어나간
정절을 지키는 꽃
굳은 신념 흔들릴까 오매불망 꽃 핀다
연분홍 진보라 빨강 큰 소리 치며 핀다
확성기에 또박 또박 할 말하며 피었다가
노을처럼 꾹 다물어 침묵하다가
황금같은 시간 잘 지켜온
옛 고향 마을 집 뜰이 그립다
그대를 만나면 더불어 정겹다.

민들레

저만치 누군가 부르는 소리
하 세월 목 놓아 말 못해도 후회 말자
까맣게 태워도 애태워도
쉽게 휘저어 버릴 수 없는 중독 같은 삶
둔탁한 일상을 벗어버리고 싶다고
비로소 속내 터놓고
자유롭게 자유를 누리는 날까지
빼곡히 들어찬 희망을 보았다고
입김 따라 날아가는 행복의 씨앗
바람결 따라 힐링되는 행복의 홀씨
저만치 누군가 찾아가는 행복.

후리지아

날카로운 바람에도 꿋꿋한 척추를 세운
그녀를 만나고 싶었다
냉정한 시선에도 비굴하지 않는 세월
순진한 마음 굳게 믿는다
연약하지 않은 듯 연약한 모습
튼실한 생각 올망졸망 맺은 우정처럼
오랫동안 스쳐지나간 골목길처럼
공기에 둔해버린 일상
봄빛이 나른한 행복을 부른다
해 저문 길 어귀에서 기다림에 익숙한
발길 멈춰 전하고 싶은 말
정식으로 만나고 싶었다
겨울이 진정 춥지만은 않았다는 것을.

장미꽃

독같은 가시가 독으로 피었다
붉은 강렬한 정열의 꽃
내 여린 심장에도 독을 품게 했지
붉은 열정 뭇 사랑 유혹 하기도 하고
여심을 자극하는 영원한 고백을 바치고
집요하게 파고드는 화려한 욕망
겹겹이 쌓여진 비밀한 속내 숨긴 채
어느 돌담집 넝쿨로 흐드러진 사랑꽃
간간 외딴집 담벼락을 지탱해주는 무조건적인
향수를 불러내는 계획된 아파트 벽보처럼
독같은 가시가 진실을 품고 피었다.

동백꽃

겨울 바닷바람에 꽃 핀다
해풍 맞은 꽃은 유난히도 붉고 단단하다
붉은 꽃잎 희망을 품고
그 누구 그리워 심장을 애태웠나
한 겹 두 겹 채워놓은 열정
노란 꽃술에 머금은 따뜻한 함박미소
이 겨울 무척 붉은 까닭은
곱게 머릿결 다듬던 어머니 모습이다
분재를 만드신 아버지의 사랑이다
낙화하면 붉은 융단으로 걷던 숲길
동백꽃 피면 고향 겨울 바다가 그립다.

4부

산

마하사에 가다

문득 발길 머물고 싶었다
이천사년 그해 시월 좋은 날
내 어머니의 49제를 올린 산사
사는 곳서 가까운 곳 알면서
매사 혼자 바쁜 것 열심인 것처럼 핑계다
수없이 써먹은 수식어에 식상하다
할애한 시간 행동해 보는 뿌듯함
어머니가 가쁜 숨소리로 오르시던
가파른 절 입구를
오늘 나도 숨가쁘게 오른다
어느덧 오십 넘은 세월 한심하다
덧없는 세월 무엇을 당당히 이루었나
아련한 슬픈 기억
마지막 혼을 느낄 수 있는 곳
어머니 혼불 만나러 마하사에 간다.

배산 체육공원

산은 그대로 있었다
십여년 전 첫 산행에 매혹당하고
가슴이 칭송한 연산동의 금강산이다
숲속 나무들이 궁금해서 오르던
나무가 만든 흙계단 오르면
산중턱 터줏대감처럼 자리한 운동기구들
웰빙하며 서 있다
사람도 웰빙을 위해 하나 둘 오르고
늦가을 나무들 웰빙이 한창이다
산다는 것
할 일을 다 한다는 것
쉽고도 어려운 길 아름답게 생의 짐 부려놓고
산객들 네갈래 길 바람고개*에서 숨결 고르는
몸과 마음 단련에 한가롭다.

바람고개 : 배산 중턱 연제구와 수영구를 잇는 고개 이름.

선암사

산사 뜰 아래 바다가 있었다
내 삶의 근교에 작은 행복이 있는 줄
감탄 할 아름다움이 있는 줄 몰랐다
부처님을 찾는 중생의 발걸음 가볍다
마음 데워주는 차茶 향기에 취하고
바다가 보이는 풍경에 취한 우리들
바다가 산을 보고 같이 가자고
산이 바다를 향해 함께 하자고
욕심없이 조금씩만 비워가자고
벚꽃나무 잎은 처음처럼 떨어지고 있었다.

감로사

청정 삼천배 기도 도량
중생위해 수없이 어루만진 백팔염주
혜총 큰스님 손에서 환한 빛이 난다
온갖 번뇌 씻어주는 대웅전 관세음보살
도심의 욕심 산 아래 바쁘지만
가르침 찾아 애써 온 하루
옷깃만 스쳐도 인연 기리는 아름다운 날
절마당 연못 물고기에 숨 한번 돌린다
불국토 이룬 단아한 큰스님 목탁소리에
늦봄 산사는 연두빛 생명으로 눈부시고
산사 빼곡히 연꽃등불 눈부시고
높은 법문 마음에 꽃등 하나 달면
편안하다 환하다
사월초파일 덩실덩실 춤추는 아름다운 날이여
아! 아름다운 날이여!

수종사에서 · 1

깊고 작아서 아름답다
아담하여 더 큰 원력을 이루었으리라
양평 운길산 끝자락 가부좌한 산사
숲속에 묻혀 속세를 내려다보고
인연따라 흘러 온 업보 많은 중생
은은한 녹차향에 취해 신선처럼
맑은 초록에 눈동자 물든다
떨어지는 물소리가 종소리 같다는
석간수 한 모금 입을 헹군다
동산 주지스님 친견에 행운 누리며
열여덟 나한과 만난 짧은 하루
조선시대 깊고 큰 불심을 만난다.

수종사에서 · 2

산 아래 북한강과 남한강이 만난다
흐르고 흘러서 운명처럼
덧없는 부귀영화 내려놓고
빈손의 이승과 저승이 만난다
대웅전 한 생애를 천도하는 제가 올려지고
유족들은 연신 극락왕생을 빈다
죄인처럼 살아갈 사람들
화해와 용서를 간곡히 빌고
못 다한 사랑과 행복을 빌고
질긴 인연 부처님 품으로 인도하는 풍경
어떤 삶도 아무런 의미 없다
지극정성 빌고 있는 상주들
수종사를 닮은 수척한 목탁소리
슬픔이 수백 년 은행나무를 흔든다
아름다운 인연 다하여 이별
가시라 훌훌 벗어 버리고
아쉬운 미련없이 가시라
석간수 한 모금 마음 헹군다.

내소사

조금은 편한 길로 왔다
부안군 석포리 능가산 자락 1300여년된 사찰
만추의 은행잎 황금비 되어 추적추적 떨어진다
입구에 "내소사 트레킹 템플스테이" 플렛이 눈길끌고
한국 33 관음성지 제8호 푯말에
경건하게 옷깃을 가다듬는다
나지막한 사찰 마당에 본분 지킨 벚나무
단풍은 맘껏 열정을 쏟아낸다
살면서 얼마나 열정을 쏟아냈던가
살면서 얼마나 진실을 쏟아냈던가
수 많은 기도의 발길 인연따라
만등 공양 불사 연등을 허리띠 매어놓고
천년을 지킨 군나무는 보호수로 역사를 쓴다.

태종사의 수국

영도 짭조름한 바다 내음 밀려들고
태종사 입구에 활짝 핀 수국 군락
200여종 3천여 그루 절경이다
평범한 듯 뽐내는 자태가 예사롭지 않다
관광 명소로 눈길 사로잡고
꽃의 의미를 능가한 고찰의 명품이네
고집있는 은은하고 고요한 향기 머금고
파스텔톤 부드러운 꽃잎 몽실몽실 결실 맺은
아! 간절하게 찾는 중생의 염원일까
아! 화엄경 높은 가피력 피었을까
질긴 인연의 등불로 발길 비추네
한세상 태양아래 함께 가는 너와 나
깊은 진심의 기도 힘 성불 이루소서.

여여정사 가는 길

평화로운 삼랑진 넓은 도량
금오산 여름은 소리 없이 깊어간다
번뇌하던 지난 날 작은 불씨 하나
여기에 말없이 불심으로 깊어간다
비움을 재촉하는 대웅전 기도소리
아픔을 내려놓은 건강한 몸 약사여래전
수년 전 초발심 정진하던 내 안의 나
아직도 발걸음 무거운 나를 본다
부처님의 가르침 따라서
큰 스님의 법어 따라서
도반의 마음 따라서
끝없는 기도의 길 광명의 길 찾는다.

배산에는*

오래 전 알게 되어 오랜만에 찾은 곳
지난 한 해 하루도 빠진 날 없을게다
조금 가파른 오솔길 숨돌려 오르면
곳곳 생의 여유 찾으라는 운동기구 쉼터
변함없는 자연이 아름답다
사람이 자연이 될 수 있음에 고맙다
매순간 울컥이는 내 안의 설움
한순간도 헛되지 않기를 다짐하는
힘겨운 내 안의 책임과 싸우는 긴 여정
가슴 속 눈물 청산하련다
훨훨 날아가는 산새의 자유가 부럽다
내탓이요 내탓이로다
수없이 두드리는 의문의 노크
추운 산바람이 봄바람으로 변할 즈음에
아마도 벚꽃은 만개할게다.

배산 : 연제구 연산동에 위치한 산.

두손푸름시인선 69

오래된 인연

김명옥 제3시집

인쇄일 | 2014년 6월 20일
발행일 | 2014년 6월 25일
지은이 | 김명옥
펴낸이 | 최장락
펴낸곳 | 도서출판 두손컴
주　소 | 부산광역시 부산진구 부전로 35. 301호(부전동, 삼성빌딩)
전화 : (051)805-8002 팩스 : (051)805-8045
이메일 : doosoncomm@daum.net
출판등록 제329-1997-13호

값 10,000원

ISBN 978-89-97083-95-4 03810

* 본 도서는 2014년도 부산문화재단 지역문화예술육성지원사업의 일부지원으로 발간되었습니다.